AF454106

EVA & den OÄNDLIGA SKATTEN

EMANUEL KAPLAN

Illustrerad av
Mattias Fridh

© Text: Emanuel Kaplan
Illustration & design: Mattias Fridh
ISBN 978-91-531-1128-3

Till mina föräldrar.

DET VAR EN GÅNG en ung flicka som hette Eva. En dag bestämde sig Eva för att lämna huset och ta en promenad. Det var en dag där vinden inte kändes vid, molnen lyste med sin frånvaro, solen stod högt upp på den blå himlen och strålade ner. Hon gick ner längs den gröna stigen, till sjön. Väl framme vid sjön, såg hon hur solen reflekterades i vattnet. Hon såg också ringar som spred ut sig lite varstans på ytan. Det var fiskarna som kom upp för att sola sig.

Eva satte sig ner, tog ett djupt andetag och blundade. Solen värmde hennes kinder, hon tog ett djupt andetag till och hörde fåglarnas sång. Det var lugnt, skönt, avslappnande och Eva slumrade till. Allt var som en dröm.

Eva reste sig upp och började gå, hon kom till en stig som delade sig. Av någon anledning kände hon inte igen vart hon var. Hon hade gått på den här stigen flera gånger innan. Det verkade som om världen bakom henne hade försvunnit. Hon stod kvar och eftersom det var en strålande dag tänkte hon högt:

– Jaha, kan lika gärna fortsätta och se vart jag hamnar.

Efter en stunds promenad blev hon trött. Hon såg sig omkring och fick syn på ett litet hus. Det hade röda väggar och vita fönsterknutar. Det rykte ur skorstenen och allt eftersom Eva närmade sig det lilla huset, desto mer av nybakta kanelbullar luktade det. Hon kände hur doften fyllde henne med glädje och energi och hon ökade takten.

Framme vid huset knackade hon på den lilla dörren. Det kändes som en evighet innan dörren öppnades av en liten, gammal dam. Hon bar tjocka glasögon, hennes hår var vitt och hon hade ett långt nattlinne som täckte hennes kropp. Eva tittade på den gamla damen och log sitt finaste leende.

- Jag kände lukten av kanelbullarna och tänkte, jag knackar på för att se om jag kan
hjälpa dig med något?

Damen tittade på flickan och log varmt.

- Vet du vad, jag skulle kunna behöva lite hjälp av någon som är ung och stark
som du. Vill du vara snäll och hjälpa mig att ställa brickan ute på framsidan?"

Den unga flickan skyndade sig in, hon såg en bricka med två glas kall mjölk och
de mest underbara kanelbullarna hon någonsin hade sett. Hon tog försiktigt upp
brickan och gick långsamt för att inte tappa eller spilla något. Framme vid bordet satte
de båda sig och damen sa med ett leende.

- Varsågod, ta för dig och hoppas det smakar!

Eva åt och det smakade himmelskt. Hon tog en stor tugga och sköljde ner den med
ett glas mjölk. När hon var klar frågade hon den gamla damen:

- Vad heter du?

- Jag heter Veronica, och du?

- Jag är Eva.

Eva log, hon satt bekvämt och kände hur ögonlocken blev tyngre under den klarblå
himlen. Fåglarna sjöng av glädje och det påminde henne om sjön nära hennes hus.
Veronica såg att Eva satt skönt i stolen och tänkte att hon skulle prata med henne
en stund.

- Vad tycker du om mina bullar och vår plats?

Eva tittade på Veronica.

- Jag gillar att vara här. Det är lugnt och skönt, hade inte velat vara någon
annanstans i världen.

Veronica fnissade.

- Ja du Eva, om du stannar där det är lugnt och skönt, kommer du aldrig komma
iväg på äventyret för att hitta skatten.

- Jag vill inte iväg någonstans. Jag gillar att vara precis där jag är.

Eva kände att hennes hjärta slog snabbare och andetaget blev kortare. Varför skulle hon över huvud taget vilja lämna sitt hem? Tänkte hon.

   - Vänta lite, vad är det för skatt du pratar om?

   - Låt mig förklara Eva. Det är trevligt, säkert och tryggt här. Men alla kommer åtminstone en gång i livet att göra en resa. Det kan vara att du åker iväg till en annan plats, eller det kan också vara att du reser inom dig själv, alltså en inre resa. De två brukar ofta gå hand i hand, men de behöver inte göra det. Svarade Veronica.

   - Tänk dig den största gröna ängen du någonsin sett. Där finns det många kullar med uppförsbackar och nedförsbackar, vissa är större än andra. På andra sidan ängen finns skatten med allt det du önskar. När du börjar gå mot skatten kommer du att gå upp och ner för backarna. Om du råkar gå i en backe som är så hög att du inte ens kan se toppen, då är det viktigt att du tar ett steg i taget och fokuserar på nästa steg, även om du inte kan se toppen ännu. Du behöver inte röra dig snabbt, så länge du rör dig, eftersom det kan ta tid att nå höga höjder. Har du tålamod och är uthållig, har du större chans att nå toppen.

Eva såg misstänksamt på Veronica och frågade:

- Finns skatten verkligen? Vad är skatten om den finns? Du försöker väl inte lura mig?

- Nej Eva, det skulle jag aldrig göra. Skatten har allt du behöver.

Eva lyfte på ögonbrynen.

- Hur hittar jag skatten och vad behöver jag göra för att få den?

- Du kommer att lära dig det på vägen dit. När du lämnar mitt hus, gå rakt fram och där stigen delar sig kommer du att hitta en skylt med antingen riktning tillbaka till ditt hem eller en skylt med texten "Skatten". När du bestämmer dig för att ta "Skatten"-vägen kommer du till alla backarna jag pratat om.

Veronica log och blinkade med vänstra ögat.

- Mina vänner bor längs med vägen till skatten. Du kanske träffar dem om du väljer att ta den vägen. De är unika, på sitt eget sätt, precis som du och jag är unika. Om du vill, kan de hjälpa dig.

Det var något med hur Veronica pratade och med den varma luften runt Eva som fick henne att tro att skatten kunde finnas, på riktigt. Hon hoppade upp från stolen och tittade på Veronica.

- Tack så mycket Veronica! Jag måste skynda mig, ju tidigare jag börjar, desto snabbare kommer jag till skatten.

- Vänta, ta en kanelbulle med dig på vägen, ifall du blir hungrig.

Eva hade redan rusat iväg, det var som om vinden hade svept iväg henne och hon hade för bråttom för att komma ihåg att ta med sig något att äta.

Tiden gick och när Eva hade gått uppför och nedför så många backar hon kunde räkna, såg hon på avstånd en ung pojke, i sin egen ålder, och det såg ut som om han svävade i luften. Hon närmade sig och såg att han låg på en stor sten. Det var det höga gräset som täckte stenen.

- Hej. HEJ!

Skrek Eva för att få pojkens uppmärksamhet.

Den svävande pojken vaknade med en snarkning.

– Vad? Vad hände?

Han gnuggade sömnen ur ögonen och tittade på Eva.

– Tjena, vad gör du här?

Sa han med ett stort leende.

Eva såg sig omkring. Pojken utstrålade samma vänlighet och värme som hon hade känt från Veronica.

– Var är skatten?

– Vilken skatt?

– Skatten som Veronica pratade om.

– Aha! Jag förstår, så du har precis varit hos Veronica, hade hon bakat de där härliga kanelbullarna? Fick du äta dem med ett glas mjölk? De är så goda. Jag älskar när hon bakar dem och bjuder in mig.

– Ja, det gjorde jag och det var jättegott!

– Välkommen min vän, mitt namn är Fredde. En vän till Veronica är en vän till mig. Hur kan jag hjälpa dig? Men först, vad heter du?

Eva var redan otålig och frustrerad över alla frågor som inte hade något att göra med skatten.

– Jag heter Eva! Visa mig skatten! Var är den? Skatten som Veronica pratade om.

– Åh, du menar DEN skatten? Jag är ledsen, jag kan inte hjälpa dig, för jag vet inte vilken sorts skatt du letar efter.

Fredde lutade sitt huvud och tittade djupt in i Evas ögon.

Eva knöt sina nävar, det nästan knakade om dem. Hon var irriterad på Veronica, för hon hade sagt att Fredde skulle hjälpa henne på resan för att hitta skatten, men nu ställde han bara konstiga frågor.

- Kom igen! Låt oss leka en lek, vad tror du om det?

Sa Fredde.

Han log från öra till öra och hans ögon var fyllda av glädje. Eva kunde inte vara arg när hon tittade in i hans vänliga ögon. Det värsta av hennes ilska lämnade henne.

- Vilken sorts lek?

- En lek där vi fantiserar och låtsas vara andra personer, en lek jag kallar för teaterleken.

- Hur ska vi göra det, Fredde?

- Vi fantiserar och leker att vi är den person vi skulle vilja vara. När vi gör det kan vi känna, tänka, höra och agera precis som den personen skulle ha gjort. Jag kallar det att gå in i rollen. Titta här, Eva, jag ser att du är upprörd över det Veronica sa till dig. Om vi låtsas att du är Veronica kanske du får någon sorts ledtråd om vad hon faktiskt menade. Vad säger du?

- Men hur ska jag kunna veta vad hon tänker, se vad hon ser, höra vad hon hör och känna vad hon känner? Vad är det för nonsens? Jag har inte tid med det! Vem skulle möjligtvis kunna göra något sådant?

Fredde såg på henne och log.

- Ha tillit och tro, särskilt på dig själv och att vad du än råkar ut för, kommer du ordna det. Du har redan allt du behöver inom dig.

Eva blev mer fundersam. Hon kunde inte förstå vad han pratade om, även om han var vänlig och varm.

- Där ser du ett träd, bredvid trädet och några steg bort, finns en sten som är lite större än dig och mig. Trädet och stenen är personerna på scenen. När du står bredvid trädet ska du leka att du är Veronica, när du står vid stenen leker du som dig själv, och när du står här med mig, är vi publiken som tittar på scenen och pratar om det vi sett. Vi tar det steg för steg."

Eva ryckte på axlarna och gick närmare Fredde.

- Gå och börja stå bredvid stenen. Då ska du vara dig själv, kommer du ihåg det?

- Vad menar du med att jag ska vara som mig själv? Jag är ju Eva!

Jag ber om ursäkt, jag menar var bara dig själv och ställ dina frågor till Veronica, de du inte fått svar på.

Fredde rättade sig själv med ett nervöst leende.

- Jag kan inte se Veronica, vad pratar du om? Jag kan bara se det gamla trädet.

Fredde tog ett djupt andetag och suckade.

- Ja, jag vet. Kom igen, lek med nu och använd din fantasi. Låtsas att trädet är Veronica och fråga henne det du har på hjärtat?

Eva förberedde sig och tittade på trädet.

- Var är skatten? Jag tog "Skatt"-vägen, nu är jag med Fredde och han börjar irritera mig.

- Ser du, det var inte så svårt? Nu går vi över till trädet.

Eva gick med tunga steg, och kände att det inte hjälpte henne.

- Jaha, nu då? Jag står här och var är Veronica?

Fredde fnissade, slog ut med armarna och tänkte högt.

- Det är samma sak varje gång.

Han tittade på henne med sina varma ögon.

- Tänk inte Eva! Känn bara, känn att du är Veronica, se henne framför dig och hör hennes röst. Vad tror du hon skulle ha sagt, om hon talade till dig just här och nu? Vad jag försöker säga är, agera som om du vore Veronica.

Eva blundade, tog ett djupt andetag, koncentrerade sig och i samma ögonblick fylldes hon av en energi och en kraft som hon aldrig känt förut. Hon stod som Veronica, talade som henne och rörde sig som henne. Det var som om Eva kunde se, känna och höra vad Veronica skulle ha sagt och gjort just i det ögonblicket. Känslan var över lika fort som den hade kommit till henne.

Eva kände att hon återgick till att vara sig själv. Den kraftfulla energin hade balanserats med hennes egen. Hon kunde inte förstå vad som hade hänt. När hon öppnade ögonen såg hon Freddes varma leende.

- Kom, stå här bredvid mig.

Han stod några steg från trädet och stenen.

- Nu ska du och jag vara publiken, för att prata om vad vi sett och vad som hänt på scenen. Vad är din uppfattning om det som hände? Vad har du lärt dig av det?

Eva tittade på det gamla trädet och stenen som var lite större än hon och Fredde.

- Jag vet inte, känner mig misslyckad eftersom jag inte har hittat skatten.

- Det får du inte säga, Eva! Det finns inga misslyckanden, bara misstag, och vi alla gör misstag. Det är en del av livet. Om vi inte vågar göra några misstag, kommer vi heller inte att lära oss något. Genom att göra misstag, lära oss av dem och gå vidare med det vi lärt oss, upptäcker vi världen. Det är upp till dig och var och en av oss att välja hur vi vill förhålla oss till våra misstag, om vi använder dem för att hjälpa oss att gå vidare eller om vi låter dem hålla oss tillbaka. Titta på det gamla trädet och stenen på vår låtsasscen där framme, känn vad du känner, se vad du ser, hör vad du hör och berätta för mig, vad du som publik har lärt dig av det vi just såg.

Eva stod still, hjärnan gick på högvarv för att hjälpa henne hitta ett svar till Fredde.

- Tänk högt, så att jag också kan höra det du tänker.

Sa Fredde.

Eva tog ett djupt andetag.

- Jag vet inte. Jag har ingen aning. Jag gjorde mitt bästa men ingenting hände.

Hon stod där och ryckte på axlarna.

Fredde log.

- Eva, ibland, även om vi gör vårt bästa, finns det ingen garanti för att vi kommer att lyckas. Men jag kan lova dig att om du alltid gör ditt bästa, kommer du alltid att vara en erfarenhet rikare och lära dig något nytt. Det kan till och med hända att dörrar öppnas för dig som du inte visste fanns, snarare än att inte göra någonting alls.

Fredde tog fram något ur sin ficka, det såg ut som ett pappersark och medan han vecklade ut det sa han till Eva.

- Medan du var på väg hit, skickade Veronica ett meddelande till mig.

Han började läsa.

"Jag ser att du nått fram till Fredde. Han är en pojke med humor och ni har lekt teaterleken också. Han vill vägleda dig, för att du själv ska hitta svaren, även om det kan kännas konstigt. Skatten du letar efter är nära, men ändå långt bort. Endast några få lyckliga hittar den. De som gör det har ingen hunger för något och behöver inget annat. Vill du hitta den, behöver du fortsätta din resa för att möta den tredje personen. Han kan förvirra dig eller inte, det beror på hur du uppfattar det. Det kan låta som att han pratar på ett konstigt sätt, men han pratar direkt till ditt hjärta.

På vägen till den tredje personen kommer du att bli trött, tappa modet och tron på dig själv. När du är som tröttast, titta upp mot himlen och du kommer se att ett av molnen liknar ett ankare. I det ögonblicket, sätt dig upp, blunda, ta några djupa andetag och slappna av. Tänk att du sitter vid en lägereld nära sjön vid ditt hem. Andas långsamt, föreställ dig att brasan värmer ditt hjärta och fyller det med energi. Därefter kommer du ha mod, tro och energi att fortsätta för att hitta den tredje personen."

Fredde tittade på Eva med ett leende, som så många gånger innan.

- En sak till Eva, ibland när du gör ditt bästa och tror på det du gör från hela ditt hjärta, då kan det dyka upp oväntad hjälp på vägen.

Han tog en paus och lät det han sagt sjunka in.

- Vad säger du, Eva? Vill du fortsätta resan även om det inte finns någon garanti att hitta skatten?

Eva hade gjort sitt bästa, fick inte det hon ville, men fick istället hjälp på vägen. Hon funderade en kort stund och bestämde sig för att hon gillade resan. Det var ett äventyr.

- Ja! Om jag vänder nu eller stannar hemma, då kommer jag aldrig någonsin att hitta skatten.

Sa Eva.

- Jag är glad att du har bestämt dig för att gå vidare, du kommer att lära dig mycket av den tredje. Ju snabbare du kommer iväg, desto snabbare hittar du honom.

Eva tackade Fredde och gav sig iväg.

Hon kom till en ny äng, vilken såg ut som ett stort grönt hav och allt såg nytt
ut. Ju längre bort hon tittade, desto mer verkade det som att den gröna ängen
flöt ihop med den blå himlen. Hon fortsatte, det kändes som en evighet, backarna
var ännu högre, tröttheten hann ikapp henne. Sakta började hon förlora modet, precis
som Veronica hade skrivit i brevet. Till slut kunde Evas ben inte bära henne längre
och hjärtat slog så hårt att hon trodde att det ville hoppa ur bröstet. Allt verkade
tråkigt, mörkt och dystert. Hon föll ihop av trötthet och medan hon låg på gräset, kom
tankarna om att avsluta äventyret och vända hem. Hon såg framför sig hur hon satt vid
sitt lilla hus vid sjön, där hon kunde sitta i timmar och bara lyssna på fåglarna.

Om jag bara hade stannat hemma, tänkte hon.

Eva rullade över på rygg. Det första hon såg på himlen var ett av molnen, vilket liknade ett ankare. Hennes hjärta slog ett extra slag, fyllde henne med energi och gjorde henne alert. Eva log, hon kom ihåg vad Veronica hade skrivit till henne, hon skulle se ett moln som såg ut som ett ankare. Hon satte sig upp, blundade och föreställde sig att hon satt vid brasan, nära sjön, vid sitt hem. Hon föreställde sig att elden värmde henne inuti och fyllde hennes hjärta med mer energi, hon tog några djupa andetag och öppnade ögonen.

- Oj! Veronica hade rätt!

Eva kände att hon var full av energi igen. All hennes trötthet, förtvivlan och osäkerhet var borta. Hon hade nytt mod och energi för att fortsätta äventyret. Eva gick vidare och sjöng på sin favoritsång. Hon hade ingen aning om vilken väg hon skulle ta. Hon hade ett pirr i magen, som påminde om fjärilar som flög runt. Det var en härlig känsla och den var tillräcklig för att få henne att vilja fortsätta.

Tiden gick och när hon nådde en annan korsning, stannade hon för att hämta andan. Eva visste inte vilken väg hon skulle välja. Medan hon stod där och funderade, dök ett stort rökmoln upp ur ingenstans. Hon hörde någon hosta i rökmolnet och sedan kom någon susande i en rullstol. Det var en rullstol som kunde åka av sig själv och den stannade precis framför henne. Mannen som satt i stolen hade snyggt svart och gråandigt hår. Han var välklädd, bar en kavaj, en vit skjorta, en fluga och hans fina hår var kammat i en sidbena.

- Hallå där, solstråle så klar och fin, hur hamnade du i denna värld med sådan min? Mannen log mot Eva.

Hon tittade på hans kläder, stolen han satt i och när deras ögon möttes kände hon att allt omkring tystnade, fåglarna och vinden var borta. Hon kunde nästan höra en nål falla till marken. Utan att veta vad hon skulle säga, märkte hon att munnen rörde sig:

- Jag har träffat Veronica och Fredde, de sa att jag skulle träffa dig och att du skulle hjälpa mig att hitta skatten.

- Åh verkligen, säger du så? Fredde och Veronica, låter som Ludde och Monica, kanske jag känner till någonting ändå?

Eva, kände vinden mot ansiktet igen. Mannen framför henne doftade god parfym och han pratade verkligen på ett konstigt sätt.

- Vill du hjälpa mig att hitta skatten eller inte?

Mannen gav henne ett halvt leende.

- Skatten du letar efter har inte varit dig nära, kanske har den smitit iväg med katten, utan ära. Hittar du den inte, blir sinnet som stormigt vatten, håll i hatten. För du vet, att hitta skatten tar tid och energi, men när du väl gör det, blir det som magi.

Orden dansade runt i Evas huvud och försvann, som om mannen aldrig hade pratat. Hennes hjärta slog hårdare i bröstet, hon knöt sina nävar, bet ihop käkarna och talade genom tänderna.

- Jag har ingen aning om vad du säger! Svara på min fråga som vanliga människor, är du snäll!

- Vilka är vanliga människor? Kan det vara vem som helst, även dem som inte har skor?

- Ja.

Svarade Eva.

- Vem är vem som helst? Kan det vara en alkemist, ett spöke, eller är det du, unga fröken? Mannens ögonbryn reste sig i förvåning.

    - Vill du vara snäll och prata som Veronica och Fredde? Om du är vän med dem, borde du veta.

    - Jaha, så du tänker så. Undra hur man kan må? Nåväl, du är nära och äventyret är gjort. Ja må du leva, Eva. Har du fortfarande inte hittat det du letat efter, trots dina bedrifter? Du är ju här! Det är dags, att vakna upp, du kommer att inse att skatten sedan början alltid funnits djupt inom dig, precis som hos vem som helst. Tvivla icke, för mitt namn är faktiskt Micke!

POFF! I samma ögonblick som mannen hade sagt sitt namn försvann han. Eva lyftes upp i luften. Det blev mörkare runt omkring henne, hon svävade och reste långt bort genom galaxen. Hon såg alla stjärnor, vilka förvandlades till streck när hon flög snabbare och snabbare. Eva for in i en mörk tunnel, tunneln blev smalare och till slut blev det nattsvart. Hon såg inget, hörde inget och kände inget.

Eva öppnade ögonen och det första hon såg var den blå himlen. Hon hoppade upp och kände sig lättare än någonsin. Hon tittade omkring sig och insåg att hon hade somnat vid sjön. Eva tittade ut över sjön och såg att något glittrande reflekterades i vattnet. Ju närmare hon kom till sjön, desto starkare och mer intensivt blev skimret. Eva tittade ner i vattnet och såg sin egen spegelbild, omgiven av ett glänsande sken, ett hon aldrig någonsin sett. Det bländade henne, samtidigt var hon lugn.

Hon tog upp en sten och kastade den i sjön. Den studsade flera gånger på
ytan och hamnade långt bort. Hon tittade på sina händer och kände sig starkare
än innan. Eva kände att det var rätt, som om allting hade balanserat sig omkring henne.
Träden såg vackrare ut, gräset kändes mjukare, tåglarna sjöng vackrare och hennes hjärta
bultade som om det sjöng av glädje. Med lätta steg, leende och närvarande i nuet,
fortsatte hon sin promenad. För nu hade hon hittat skatten inom sig.

– SLUT –